AF188109

LIEBE MIT HUMOR

Originelle Aspekte des Liebeslebens

BIBLIOGRAFISCHE INFORMATION DER
DEUTSCHEN NATIONALBIBLIOTHEK:
DIE DEUTSCHE NATIONALBIBLIOTHEK
VERZEICHNET DIESE PUBLIKATION IN DER
DEUTSCHEN NATIONALBIBLIOGRAFIE; DETAILLIERTE
BIBLIOGRAFISCHE DATEN SIND IM INTERNET
ÜBER WWW. DNB.DE ABRUFBAR.

© HEINZ C. PÜTZ
HERSTELLUNG UND VERLAG;:
BOD-BOOKS ON DEMAND, NORDERSTEDT
ISBN 978-3-7460-2982-5

Inhalt

Vorwörtchen

*Liebe ist etwas ganz Besonderes.
Auch Humor ist für die meisten
Menschen etwas ganz Besonderes.
Die Verknüpfung von beiden
Bereichen ist außergewöhnlich
reizvoll, weil sich über viele
Situationen bei einer
Partnerbeziehung vorzüglich lachen
oder zumindest schmunzeln lässt.
Dies ist vor allem aus dem
Blickwinkel eines Außenstehenden
der Fall., während im alltäglichen*

Zusammenleben der Paare keinesfalls jede Szene für die Beteiligten mit der Humorbrille gesehen wird. Hier weiß man manchmal nicht, ob man weinen oder lachen soll.

In diesem Buch ist in Form von Reimen, Witzen und anderen originellen Texten vieles zusammengefasst, was das Liebesleben reizvoll - und erträglich macht.

Ich wünsche allen Lesern viel Spaß!
Heinz C. Pütz

MÄNNER

LIEBES-

RUNDREISE

Deutschlandtour

A

Adrian jettet öfter freudig nach Paris
denn in Bottrop ist die Stimmung mies
gern schmust er hier mit Madeleine
avec amour - am Ufer der Seine

B

Bernd lebt ganz gern in seinem Trier
aber Frauen sind halt nicht sein Bier
die meisten sind ihm daher Schnuppe
außer Elke aus der Bauchtanzgruppe

C

Claus Lebt mit 40 in Offenbach
noch bei Muttern unterm Dach
sein Schwarm ist eine blonde Friseuse
sie schielt- er ist ihr darob nicht böse

•

D

Dennis wohnt gelangweilt in Buxtehude
hier herrscht tot Hose in jeder Bude
wenn auch nicht von Freunden gut geheißen
fährt er gen Hamburg, um Frauen aufzureißen

E

Erwin lebt seit Jahren in Emmerich
sehr still und etwas sonderlich
er träumt von einer Brünetten
mit der würd er gern chatten

F

Fredrich als Banker in Frankfurt/ Main
zieht sich seinen Äppelwoi genüsslich rein
dadurch scheinen ihm auf Dauer
auch die süßesten Mädels sauer

G

Guido schifft freudig nach Helgoland
denn stürmische Liebe hat ihn übermannt
besonders beim Anschwellen der Flut
liebt er Dörte mit voller Glut

Gerd liebte vorzugsweise in Leverkusen
mit anderen Frauen eng zu schmusen
er versuchte es auch mit einer Politesse
- bekam aber einen voll auf die Fresse

H

Horst zog es nach Venedig
zu Rita, die war noch ledig
sie sang ihm zärtlich eine Canzone
molto furioso - die war nicht „ohne"

I

Ivan war zuletzt in Petersburg
geschäftlich -als Schönheitschirurg
bei Nadja liftete er ohne Moneten
dafür durfte er bei ihr kräftig kneten

J

Justus ist Langfinger im Berliner Westen
auf Platzkonzerten und anderen Festen
Abends feiert der alte Schurke
mit Melanie - einer scharfen Gurke

K

Karl-Ludwig aus Ems an der Lahn
paddelt gern zu zweit in seinem Kahn
Mit Anke fiel er fast über Bord
denn er knutschte sie in einem fort

L

Ludwig, Sportprofi aus Bergkamen
spendet gerne seinen Samen
das tut er mit hoher Effizienz
- jetzt hat er schon fast 20 Pänz

M

Marcel als Single in Osterbeck
ist für Frauen meist ein Schreck
haltlos will er alle betasten
- unfreiwillig zu deren Lasten

N

Norbert ist oft in Wolfsburg zugegen
vor allem seiner blonden Anja wegen
denn im neuen VW-Kabriolet
ist sie sanft wie ein zartes Reh

O

Olaf studiert Biologie in Hannover
und brütet gern im braunen Pullover
wie mit Silke der Nachwuchs ist zu gestalten
damit sie sich laut Mendel voll entfalten

P

Paul machte Ferien in Oberammergau
und verliebte sich in eine Superfrau
im feschen Dirndl machte sie ihn so verrückt
- jetzt will er nicht mehr zum Job zurück

Q

Quentin als Dozent aus Baden-Baden
verlor beim Reden oft den Faden
himmelte eine Blondine scharf ihn an
stotterte er fürchterlich - der arme Mann

R

Richard jettet ständig nach Budapest
bei Piroschka findet er ein heißes Nest
sie ist messerscharf wie Paprika
- klar, darob ist er ja gerade da!

S

Sven flirtet in St. Tropez
mit Denise - einem zarten Reh
er feiert mit ihr so manche Fete
und poussiert dabei tete à tete

T

Torsten studiert Jura in Saarbrücken
fürs Examen bestehen tausend Lücken
statt schließlich mal cool zu büffeln
will er nur an Blondinen schnüffeln

U

Uwe läuft Ski in Graubünden
und zwar aus diversen Gründen
beim Apres Ski kommt er rasch in Fahrt
da flirtet er wild und manchmal zart

V

Volker aus dem schönen Plauen
liebt nur online den Kontakt mit Frauen
alles läuft digital über Skype
dann rückt sich keiner auf den Leib

W

Waldemar arbeitet meist nachts in Stade
der Tag ist im dafür zu schade
jetzt ist er in eine Nachteule verliebt
weshalb er so manche Schicht versiebt

X

Xaver ist Hausmeister in Paderborn
bei Stress pichelt er viele Doppelkorn
ist ihm dazu seine Erna nicht zu Willen
schluckt er pfundweise Beruhigungspillen

y

Yannick fährt gern nach Amsterdam
und freut sich auf Brootjes mit Ham
Wegen Antje paukt er auch Vokabeln
denn er möchte sich mit ihr vernabeln

Z

Zacharias, Steuerberater aus Bingen
will Bilanzen in Ordnung bringen
wittert er aber zarten Damenduft
sind Soll und Haben vollkommen Luft

Auslandstour

Schweiz

Emil, cleverer Erfinder aus Bern
entwickelt Originelles äußerst gern
zusammen mit der kessen Annelie
entwickelt er neue Verhüterli

Dänemark

Ole ist Kunstmaler in Kopenhagen
er malt Leute nackt oder mit Kragen
steht die scharfe Elke ihm als Modell
bewegt sich sein Pinsel besonders schnell

England

Bryan studiert in Oxford Zoologie
- er liebt leidenschaftlich fast jedes Vieh
Neulich verliebte er sich in einen Oktopus
danach machte Mary mit ihm Schluss

USA

Donald ist Manager in San Francisco

Abends baggert er gern in einer Disco

vor dem One-night-Stand -das ist sein Gag

knabbert er mit seinem Fang zwei Big Mac

Niederlande

Jan ist Kellner in Scheveningen

das Flirten will ihm nie gelingen

am liebsten radelt er auf seiner Fiets

zum Imbiss mit seinen Pommfritz

Russland

Wladimir ist Maurer in Wladiwostok

alle nennen ihn einen geilen alten Bock

leider kann er nicht so wie er will

dafür sorgt seine Bremse - die Ludmill

Italien

Domenico ist Fremdenführer in Venedig
trotz Casanova-Typ noch immer ledig
wenn aber Frauenblicke ihn durchbohren
ist er -oh mamma mia- schnell verloren

Spanien

Manuel hat eine Boutique in Madrid
er sucht bei Klamotten den neuesten Hit
auch bei Senoritas macht er das zuhauf
da reisst er alle Frauen auf

Frankreich

Jean wohnt auf dem Land bei Lyon
Er liebt Frauen und ein Glas Macon
sieht er mal ein frisches grünes Blättchen
benimmt er sich wie ein junges Frettchen

Vatikan

Christoph ist Chefkoch im Vatikan

dann und wann gibt es zarten Fasan

Schmeckt es keinem der dicken Prälaten

kriegt er kreutzweise eins übergebraten

Tschechien

Karel lebt im Prag nah der Moldau

er liebt volle Teller, aber keine Frau

begeistert istt der einfältige Blödel

schmatzend 10 böhmische Knödel

Finnland

Aleksi wohnt in Helsinki-Nord

oft zieht er mutig zur Elchjagd fort

danach muss er schnelll flitzen

umd mit Helmi in der Sauna zu schwitzen

FRAUEN

LIEBES-

RUNDREISE

Deutschlandtour

Annelie fährt gern nach Paris zum Shoppen

Ihre Mitbringsel sind kaum zu toppen

nun brachte sie Marcel als neues Souvenir

der scharfe Beau zog nun in ihr Quartier

B

Beate lebt - ledig - in Donauwörth

oftmals ist sie äußerst empört

ihre Boys wollen immer nur das eine

sie möchte das nicht - die feine

C

Chantal lebt in Mainz- Castell

als vielbegehrtes Aktmodell

auch im Sackkleid fesselt sie Männerblicke

ansonsten ist sie eine dumme Zicke

D

Doris ist Gärtnerin in Herrenstrunden

sie ist robust und erdverbunden

nur ein Mann von rustikaler Natur

knackt so ein Weib von dieser Statur

E

Edeltraut aus Winsen an der Luhe

findet nachts nur selten Ruhe

sie träumt von heißem Liebesgerangel

hat aber keinen Kerl an der Angel

F

Franzi aus dem Wonnegau

ist ein Traum von einer Frau

was das Äußere verspricht

hält das Innere leider nicht

G

Gerlinde aus Stralsund

hat einen kläffenden Hund

dies wirkt sich aus auf die eigene „Schnüss"

darum sagen alle Männer schnell "Tschüss"

H

Hermine aus Lethmate

ist im Bett eine Granate

immer kommt sie rasch zum Ziel

das ist manchem Boy aber zuviel

I

Isabelle aus Bad Hindelang

spürt öfter großen Liebesdrang

dann fischt sie sich einen tollen Hecht

der ist ihr zum Gefecht grad recht

J

Jaqueline aus Köln-Deutz

liegt oft mit der Liebe über Kreuz

aber Karneval bei Kölsch und halvem Hahn

bützt sie den Jupp von der Bundesbahn

K

Klementine aus Emsdetten

kennt sich aus in fremden Betten

unter Gänsefedern oder Daunen

können die Kerls nur noch staunen

L

Ludwiga aus Buxtehude

hockt meist nur in ihrer Bude

im Internet fröhnt sie dem Cybersex

und stärkt damit ihren Muskelreflex

M

Michelle aus Saarbrücken

ist meistens zum entzücken

manchmal ist sie aber eine Zicke

und gibt es den Kerls ganz dicke

N

Nicola aus Eichsttetten am Kaiserstuhl

ist von Haus aus äußerst cool

kommt aber der richtige Recke daher

kennt sie einfach kein Halten mehr

O

Olga aus Biberach an der Riss

ist eine supertolle Miss mit Biss

Männer zieht sie rasch n ihren Bann

dann haben alle big fun daran

P

Paula spielt oft Roulette in Bad Neuenahr

sie setzt mal auf Rouge und mal auf Noir

Zuletzt gewann sie voll auf sieben

- danach hat sie es mit zwei Lovern getrieben

Q

Querulanta wohnt in Bad Liebenau

sie hatte beim Sex nie einen Stau

vor kurzem nun wurde sie sechzig

da zog sie aus dem Gefecht sich

R

Rosmarie aus dem nördlichen Lingen

hält viel von esoterischen Dingen

sie glaubt dem Horoskop bis aufs Wort

und schickt bei Vollmond alle Männer fort

S

Sabine aus Berlin-Tempelhof

mag Diskos mit viel Schwoof

wenn bei ihr die Scheuer brennt

liebt sie auch den One-night-stand

T

Tina, graue Maus aus Bad Wörishofen

liebt nicht mit Männern zu schwofen

statt Knutschen bei trendigen Feten

Kräftigt sie ihre Waden beim Wassertreten

U

Ulla aus Grefrath-Oedt

findet den Ort sehr blöd

sie möchte gern mit einem Lover auf Tour

aber wo findet man so einen Heini nur?

V

Veronika wurde in List auf Sylt

oft von den Bullen angebrüllt

sie lief nur mit Hut und Schleier

das ging denen stark auf die Eier

W

Wally macht in Nörvenich

jeden Freitag Hochsee- Fisch

denn Hering geräuchert oder roh

steigert auch die Libido

X

Xantippe aus Kiel

redet sehr viel

wenn sie einen Mann aber will

ist sie erstaunlich still

Y

Yvonne aus Buxtehude

jobbt in einer Pommesbude

nachts riecht sie stark nach ranzigem Fett

darum geht kein Lover mit ihr ins Bett

Z

Zenzi treibt viel Sport in Gütersloh

alle bewundern ihren straffen Po

Freund Jupp sieht aus wie Schweinchen Dick

das findet sie cool und mega-chick

Auslandstour

Spanien

Undine aus dem stolzen Madrid
hält sich mit Flamenco fit
sie träumt mit sagenhafter Gier
vom Torero mit dem Stier oder ihr

Italien

Julia aus der ewigen Stadt Rom
schwimmt in der Liebe gegen den Strom
sie liebt statt einem feurigen Romeo
Klein-Fritzchen mit dem knackigem Po

Griechenland

Xanthippe aus dem schönen Saloniki
dankt den ganzen Tag an Ficki-ficki
nach einer Flasche griechischem Wein
lässt sie sich auf alles ein

Holland

Antje aus Utrecht ist sehr spitz
zu Jan radelt sie mit ihrer Fietz
isst sie aber Pommes mit Saus
ist es mit dem Fummeln aus

Schweiz

Bei Nörgel- Heidi aus Andermatt
sind es nun alle Lover satt
beim Essen fehlen Gewürze noch und nöcher
und bei manchem Käse auch die Löcher

China

Yuga Ming aus Hangzhou
hat einen besonderen Clou
sie kann sich nur für Männer begeistern
die eine Pekingente mit Stäbchen meistern

WIE DIE

LIEBE FLÖTEN

GEHT

„Liebenswerte"
Sätze

Er zu Ihr

Meine Mutter kochte super, da hat es mir richtig lecker geschmeckt

•

Das war aber gerade eine Marathonsitzung am Telefon, musstest du denn so lange quatschen und konntest dich nicht kürzer fassen

•

Du fährst schon wieder wie eine gesengte Sau

•

Die Diät, die du schon „ewig" machst, ist wohl endgültig für die Katz

•

Du könntest ruhig mal den Friseur wechseln! Schau Dir mal unsere Nachbarin an. Wohin geht die eigentlich?

●

Ein Kollege von mir hat eine 20 Jahre jüngere Frau geheiratet und die sind glücklich!

●

Bei dir ist wohl das Frischedatum schon abgelaufen

●

Hast Du dein Parfüm von Aldi?

●

Kannst du bitte mal eine Schweigeminute einlegen?

●

Braucht man wirklich so viele Schuhe?

•

Deine Eltern hatten wohl nicht viel
Zeit für dich

•

Mit der Nachtcreme siehst du aus wie
ein Spiegelei

•

Du redest wie ein Wasserfall. Ich bin
froh, dass ich etwas taub bin

•

Ist Fettabsaugen eigentlich teuer?

•

Tröste dich: Keiner hat sich selbst
gezeugt

•

 # Sie zu Ihm

Pinkele nicht daneben. Nimm den Damensitz

•

Im Alter werden manche Männer knüselig

•

Wie siehst du denn heute schon wieder aus?

•

Du könntest auch mal mehr anpacken und dich nicht immer bedienen lassen!

•

Deine Wampe wird immer dicker, sauf nicht soviel

•

Andere Männer treiben Sport und hocken nicht die ganze Zeit vor der Glotze

•

Liebst du mich eigentlich noch?

•

Kennst du die Band „Tote Hosen"

•

Mit dir möchte ich nicht auf einem Selfie abgebildet sein

•

Du wärst besser Single geblieben

•

Schön wäre es mit einem echten Mann verheiratet zu sein

•

WITZE ÜBER DIE LIEBE

Toller Tipp
Er: "Schatz, wo steht mein Essen?"
Sie "Im Kochbuch - Seite 12!"

Vorstellung der Ehefrau:
Nach 10 Jahren:
"Guten Tag, das ist meine Frau, darf ich sie Ihnen vorstellen?"
Nach 20 Jahren: "Guten Tag, das ist meine Frau, können Sie sich das vorstellen?"
Nach 30 Jahren: "Guten Tag, das ist meine Frau, können Sie sich bitte davor stellen?"

Glückliche Ehe
Gunnar fragt seinen Freund Gert, warum seine Ehe nach dreißig Jahren noch immer harmonisch läuft. Seine Antwort: "Weil wir noch zweimal pro Woche Sex haben. Ich dienstags, und meine Frau donnerstags."

Forelle

Theo springt vom Sofa auf und sagt aufgeregt zu seiner Frau „Schatz, ich hätte es bald vergessen, ich habe mich heute mit Bernd zum Forellenangeln verabredet". Lea „ Ich weiß Theo, die Forelle hat heute schon dreimal angerufen".

Begrüßung

Manfred erzählt seinem Freund Paul: "Im ersten Ehejahr begrüßte mich mein Hund Waldi mit lautem Gebell und meine Frau brachte mir die Hausschuhe. "Fragt Paul: "Na, und heute?"
"Heute ist es genau umgekehrt!"!

Goldene Hochzeit

Bei der goldenen Hochzeit wird der Ehemann gefragt: "Was war denn die schönste Zeit in all den Ehejahren?"
"Die drei Jahre, die ich im Knast gesessen habe."

Sexberatung

Ein Ehepaar geht zum Eheberater, weil es
in der Ehe nicht mehr so richtig
mit der Liebe klappt.
Nach einer aufwendigen Analyse des Problems
meint der Berater zum Ehemann:
"Ich zeige ihnen nun einmal genau, was ihre Frau
braucht."
Dann nimmt er konsequent die Frau mit großem
Erfolg in diversen Stellungen. Nach getaner
Aktivität meint er dann: "So, das braucht ihre
Frau jeden Tag."
Fragt der Mann: "Muss ich dazu denn jedesmal
mitkommen?"

Neugierige Frage

Ulli zu Moritz: „Warum trägst du eigentlich den
Ehering am falschen Finger?"
Moritz: "Weil ich die falsche Frau geheiratet
habe!"

Kosenamen

Eberhardl ist zu Besuch bei seinem Freund Willi und dessen Frau. Während des ganzen Abendessens spricht Willi seine Frau nur mit Mieze, Schatzi, Mausi oder Engelchen an.
Nach dem Essen, als die beiden eine kurze Zeit alleine sind, spricht Eberhard seinen Kumpel an: "Mann, ich finde das voll cool, dass du deine Frau nach all den Ehejahren noch immer mit solchen Liebesworten wie ein junger Verliebter ansprichst."
Darauf Willi: "Nun, um die Wahrheit zu sagen, ich habe seit längerem ihren Namen vergessen."

Heiratsgründe

Fragt die Tochter ihre Eltern: "Mama, sag mal, warum hast du Papa eigentlich geheiratet?"
"Siehst du, Hans Peter", sagt die entrüstete Mama, „nicht mal das Kind versteht es."

Zeitgefühl

Eine Frau sagt zu ihrem Mann: "Früher warst du glücklich, wenn du mich bloß ein paar Stunden am Tag sehen konntest."

Er: "Daran hat sich nichts geändert".

Streit

Der Scheidungsrichter: "Zeuge, waren Sie dabei, als der Streit der Eheleute begann?"

"Jawohl, Herr Richter, ich war als Trauzeuge dabei."

Tiefe Trauer

Zwei Golfspieler spielen am 8. Grün, als ein Leichenzug vorbeikommt. Der eine hält inne und verneigt sich zum Leichenwagen hin.

"Das war aber eine noble Geste von dir" sagt sein Partner anerkennend.

"Na ja" schwächt der andere ab, "wenn man immerhin 25 Jahre verheiratet war!"

Hilfe im Haushalt

Ehefrau: "Heinz, Du könntest wirklich mal den Keller aufräumen!"

Ehemann: "Aber natürlich, ist ok.

Er geht in den Keller und kommt nach kurzer Zeit wieder zurück.

Sie: "Was ist denn los?"

Er: "Ich habe den Korkenzieher vergessen!"

Arztbesuch

Arzt zum Patienten: "Was macht eigentlich Ihr altes Leiden?"

"Keine Ahnung, Herr Doktor, wir sind seit einem halben Jahr geschieden."

Krankenhaus

Meier wird ins Krankenhaus eingeliefert. Die Schwester fragt: "Sind Sie verheiratet?"

Meier: "Ja, aber die Verletzungen stammen vom Autounfall!"

Aktiver Mann

Mit Putzeimer und Scheuerlappen schreitet der
Ehemann zur Tür.
Die Gattin räkelt sich derweil Pralinen naschend
auf dem Sofa und sieht sich
eine Soap im Fernsehen an. Von dem Film
animmiert , ruft sie ihm zu: "Ach, wie hast du mir
doch früher so verliebt den Hof gemacht!"
"Tja", seufzt er, taucht den Lappen ins
Wischwasser und ruft zurück:
"Dafür mach' ich dir heute eben die Treppe."

Blumen

Während des Werbespots für Blumen sagt ein
Sprecher motivierend:

"Kaufen Sie noch heute einen Strauß Rosen für
die Frau, die Sie lieben!"
"Typisch", kommentiert Frau Lehmann, "an die
Verheirateten denkt keiner!"

Essen

Ehepaar bei Tisch: "Na, wie schmeckt dir denn heute das Mittagessen?"

"Warum suchst du schon wieder Streit?"

Stottern

"Dein Intimfreund stottert ja", sagt die Mutter ganz entsetzt zu ihrer Tochter.

"Das macht nichts. Wenn wir verheiratet sind, hat er sowieso nichts mehr zu sagen ..."

Ostern

Eines morgens liegt ein Ehepaar mittleren Alters im Bett. Der Mann beugt sich hinüber zu seiner Liebsten und küsst jeweils einmal ihre unverhüllten Brüste. Die Frau fragt ihn verwundert, warum er das tue.

Und er: "Heute ist Allerheiligen, da denkt man an alles, was einem heilig ist."

Einige Wochen später, zur selben Zeit und am selben Ort, beugt sich die Frau hinunter zum besten Stück ihres Mannes und küsst es sanft. Er erkundigt sich nach dem Grund dieser Zuneigung. Darauf sie: "Na, heute ist Ostern, da glaubt man doch an die Auferstehung."

Lottogewinn

Norbert kommt nach Hause: "Elke, wir haben im Lotto gewonnen! Pack die Koffer!" Darauf seine Frau: „ Wohin?, Sommer oder Winterkleidung"? Darauf er: "Ist mir scheißegal, Hauptsache du bist in 10 Minuten verschwunden!"

Unterschiede

Der Single kommt nach Hause, schaut in den Kühlschrank, und weil nichts Ordentliches drin ist, geht er ins Bett. Der Ehemann kommt nach Hause, schaut ins Bett und weil nichts Ordentliches drin ist geht er an den Kühlschrank.

Filme

Ein Mann kommt nach der Arbeit nach Hause. Seine Frau sitzt vorm Fernseher und schaut sich eine Kochsendung an.

Meint der Ehemann: "Warum schaust du dir so einen Mist an. Du kochst dadurch auch nicht besser!"

Darauf die Frau: "Und warum schaust du dir dann Pornos an?"

Gemütlich

"Heute machen wir uns mal einen richtigen gemütlichen Samstag", schlägt Frau Meier ihren Mann vor.

"Prima, und was wollen wir machen?"

"Das Kind geben wir zur Nachbarin, und du gehst deine Mutter besuchen."

Wunscherfüllung

Ein Ehepaar steht an einem Wunschbrunnen. Der Mann beugt sich über den Rand, wirft eine Münze ins Wasser und wünscht sich etwas.

Dann beugt sich seine Frau vor, allerdings etwas zu weit. Sie fällt hinein.

Der Mann ganz erstaunt: "Unglaublich, das funktioniert tatsächlich. "

Schmeichler

Der Ehemann liest Zeitung, plötzlich sagt er melancholisch: "Die größten Esel heiraten die schönsten Frauen!"

Seine Gattin lächelt: "Oh, du Schmeichler!"

Ertappt

Staunt der Ehemann: "Du hast ja einen ganz tollen BH an, Liebling. Den habe ich ja noch nie an dir gesehen."

"Das kannst du auch nicht, mein Süßer. Den habe ich nämlich erst gestern auf dem Rücksitz deines Wagens gefunden!"

Leidenszeit

Die Witwe: "Mich tröstet, dass mein Mann nicht lange leiden musste!"
Nachbarin: "Wie, waren Sie nur kurz verheiratet?"

Dosenklau

Eine misslaunige Frau steht wegen Ladendiebstahl vor Gericht. Der Richter fragt, was Sie gestohlen hat. "Eine Dose Pfirsiche", Auf die Frage des Richters nach dem Warum antwortet sie, dass sie hungrig gewesen sei. Dann will der Richter noch wissen, wie viele Pfirsiche in der Dose waren. Die Angeklagte: "Sechs Stück" "Gut", sagt der Richter, "dann werde ich Sie zu sechs Tagen Gefängnis verurteilen."
Bevor der Richter den Urteilspruch verkünden kann, meldet sich der Ehemann der Angeklagten mit der Frage, ob er auch etwas sagen dürfte.
"Worum geht es?", fragt der Richter.
"Sie hat auch eine große Dose Erbsen geklaut!"

Dauerliebe

"Wirst du mich auch noch lieben, wenn ich alt und hässlich bin? "Aber das tu ich doch!"

Bügelbedarf

Franz kommt nach Hause. Regine steht pudelnackt und scharf vor ihm. Überrascht fragt er „Was machst du denn da?" Regine:: „ ich habe das Kleid der Liebe an!" Franz: „Du hättest das aber vorher bügeln sollen!"

Vogelflug

Bernd kommt früher als gewohnt nach Hause. Er findet seine Frau mit seinem besten Freund im Bett. Wütend packt er den Kerl und schmeißt ihn ohne lange Rede mit Bravour zum Fenster raus. Die Frau ist entsetzt und fragt außer sich, "Was hast du Blödmann dir dabei gedacht?" Bernd cool: "Wer vögelt kann, auch fliegen."

Radfahren

Heidi und Wulf liegen morgens noch länger vergnügt im Bett. Er fragt sie, was sie geträumt habe. Sie: "Ich habe geträumt, dass ich mit meinem Fahrrad nach Köln gefahren bin. Was hast Du geträumt?" Er: "Ich habe geträumt, dass ich mit drei Frauen im Bett liege, Musik höre und Champagner trinke." Heidi:: „War ich denn auch dabei?" Er: "Nein, du warst ja mit dem Rad nach Köln gefahren!"

Gebiss

„Süßer", flötet Gisela beim 40-jährigen Hochzeitsessen. „Früher hast Du an unserem Hochzeitstag immer meine Hand gehalten." Darauf nimmt er ihre Hand. „Und dann hast Du mich geküsst!" Er küsst sie. „Und dann hast Du mich ganz zart in den Hals gebissen!" Er steht auf und geht ins Bad. „Aber Horst, was machst Du?" „„Meine Zähne holen!"

Gutschein

Elke kommt verspätet nach Hause zurück. „Entschuldige Hermann - es hat im Schönheitssalon etwas länger gedauert". Er:" Macht nichts, aber sag mal, warum haben Sie dich denn nicht drangenommen?"

Augenarzt

Bitte einer Frau an den Augenarzt: "Herr Doktor, verschreiben Sie meinem Mann keine neue Brille. Unsere Ehe war bislang ausgesprochen glücklich."

Weinauswahl

Rolf geht mit seiner Frau zum 30. Hochzeitstag in ein vornehmes Restaurant. Er fragt den Kellner: "Welchen Wein können Sie uns für den Hochzeitstag empfehlen?" Kellner: "Es kommt darauf an, ob sie feiern oder vergessen wollen!"

Hörner

Bei der Feier zur Goldenen Hochzeit outet sich der rüstige Greis zu vorgerückter Stunde seinen Schwiegersöhnen: "Um ehrlich zu sein, ich habe in meinem Leben vielen Ehemännern Hörner aufgesetzt." Mit mildem Lächeln meint seine zuhörende Frau: "Ich nur einem einzigen!"

Gras

Vertraulich sagt der Arzt zu Heidi: "Ihr Mann ist sehr krank, er kann jeden Moment tot umfallen." Heidi fragt, was Sie dagegen tun könne. Arzt: „Es gibt eine Möglichkeit, um Ihrem Mann zu helfen. Er darf den ganzen Tag keinen Ärger haben, muss viermal am Tag gutes Essen erhalten und jeden Wunsch erfüllt bekommen. Reden Sie nicht lange von seiner Krankheit!" Nachdenklich verlässt sie das Arztzimmer. Zu Hause fragt Ihr Mann: „Was hat der Doktor gesagt?" Sie: „Dass du bald ins Gras beißen musst."

Engel
Peter sagt voller Stolz zu seinem Freund. „Erwin, meine Frau ist ein Engel." Erwin: „Du Glücklicher, meine lebt noch!"

Treue Liebe
Hartmut zu Otto: „Ich bin seit 35 Jahren verheiratet und liebe immer noch die gleiche Frau." Otto:" Erstaunlich, das ist ja super!" Hartmut: „ Findest Du? Sag nur ja nichts zu meiner eigenen Frau, wenn sie das erfährt, bringt sie mich um!"

Geständnis
Waltraut und Erwin feiern in aller Ruhe ihre Goldene Hochzeit. Nach einigen Glas Wein lässt man die Vergangenheit Revue passieren. Der Ehemann: "Es hat mich immer gewundert, dass unser 5. Kind den anderen überhaupt nicht ähnlich sieht. Wir haben unsere 50 Jahre in

Frieden leben können, aber eines möchte ich doch nun wissen und sag mir ehrlich die Wahrheit: „Hat unser Georg einen anderen Vater?" Die Frau senkt errötet den Kopf und gesteht „Ja, hat er!" Die Antwort erschüttert den Ehemann. Es hat ihn schwer getroffen. Mit tränenerfüllter Stimme fragt er: „Wer ist der Vater?" Mit letztem Mut und nach tiefem Durchatmen gesteht sie: „Du"

Späte Suche

Karl-Heinz ist ganz aufgeregt und geht zur Polizei: „Ich möchte meine Frau Monika als vermisst melden." "Seit wann wird sie denn vermisst?" "Seit 10 Jahren!" "Das kann doch nicht wahr sein, da kommen Sie aber reichlich spät "Ich habe doch in 14 Tagen Goldene Hochzeit und da hätte ich sie gern dabei gehabt!"

Einmal bügeln

Ein betagtes Paar schaut sich bei RTL einen heißen Erotikfilm an und wird nach ein paar Gläschen Rotwein wieder an seine jungen Abenteuer erinnert. Das Blut fängt langsam, aber aufsteigend an zu kochen. Die Frau schaut ihren ehemaligen Casanova sehnsüchtig an. Dann brechen die Dämme. Sie reisst sich die Kleider vom Leib und haucht liebestoll „Schnauzer, mach dass ich mich wie eine richtige Frau fühle". Dieser wird rasch aktiv, öffnet sein Hemd, schmeißt es zu Boden und donnert: „Einmal waschen und bügeln!"

Falscher Zeitpunkt

Mathilde liest das Horoskop. Plötzlich sagt sie zu ihrem Ehemann: "Siehst du, wärst du 1959 im Mai zwei Tage später auf die Welt gekommen, wärst du freundlich, großzügig und geistreich!"

Kompliment

Ingrid: "Du Bernd, was mach ich nur, ich treibe Sport, mache Diät, aber habe schon wieder zwei Pfund zugenommen!" Er bissig: "Dann steig´ nochmal auf die Waage, wenn du abgeschminkt bist."

Gute Vorsätze

Silvesterabend sitzt ein Ehepaar friedlich in der Stube und sieht gemütlich dem Jahresende entgegen. Er sitzt auf dem Sofa, sie auf dem Sessel daneben. Er pafft sein Pfeifchen mit herrlichem Tabakaroma und gießt sich hin und wieder genussvoll einen tollen Rotwein aus Frankreich ins Glas. Sie macht einen tollen Vorschlag: "Im neuen Jahr wollen wir alles besser machen. Du darfst nicht mehr trinken - und ich, ich gewöhn dir das Rauchen ab!"

Mundstück

Der alte Jochen ist ohne seine Pfeife nicht denkbar, sie ist seine ständige Begleiterin. Als ein alter Freund vorbeikommt und ihn so andächtig auf der Bank vor seinem Haus rauchen sieht, setzt er sich zu ihm. Selbstzufrieden sagt der Alte: "Ja, ja, meine Frau und mein Pfeiffchen - die sind mir das Liebste auf der Welt!" Sein Freund will noch mehr wissen und fragt sistierend: "Aber wenn es nun heißen würde, entweder- oder, was wäre Dir dann lieber?" Nachdenklich schaut Jochen seinen Freund an, dann huscht ein Schmunzeln über sein faltiges Gesicht: "Dann doch lieber die Pief - bei der kann ich das Mundstück abschrauben, bei meiner Alten aber nicht."

Wiederholung

Ein rheinisches Ehepaar will Silberne Hochzeit feiern. Der Gatte hat sich einen Plan ausgedacht. "Weisst du, Hedwig, wir wollen alles genauso machen, wie an unserem Hochzeitstag.

Früh gehen wir am Rhein spazieren!" "Und was dann?", fragt die Frau neugierig. "Dann gehen wir in unser altes Stammrestaurant." "Und dann?" "Dann steigen wir auf den Drachenfels und bewundern das Panorama!" "Und dann?" "Dann gehen wir in ein Cafe!" "Und dann - ganz erwartungsvoll - ?" "Dann gehen wir nach Hause!" "Und dann, und dann..." "Danach werden wir uns die Füße baden, denn die werden uns ganz schön weh tun."

Tipptopp

Annegret kommt vom Arzt nach Hause und erzählt ihrem Mann: " Stell dir vor, der Arzt hat gesagt Ich habe einen Busen wie eine 18- jährige und die Haut ist samtig wie die einer 20- jährigen. Auch lobt er meine straffe Figur." Darauf etwas amüsiert der Mann: "Und was hat er über deinen Arsch gesagt?" Darauf sie: "Über dich haben wir nicht gesprochen".

Beinahe

Zwei Freunde treffen sich. Nach dem 7. Bierchen unterhalten sie sich nach Fußball und Co. mit lockerer Zunge über ihr Liebesleben. Der erste: „Meine Frau und ich haben einmal im Jahr Sex."
Der zweite setzt dagegen: „Wir lieben uns beinahe jeden Tag."
Der erste: „Beinahe jeden Tag? Unglaublich!"
Der zweite: „Doch – am Montag hatten wir beinahe Sex, am Dienstag hatten wir beinahe Sex, am Mittwoch......

Bescheinigung

Horst ist 65 Jahre alt geworden und geht zur Pensionsversicherung, um seinen Rentenantrag zu stellen. Er zieht im Warteraum eine Nummer und wartet. Kurz bevor er aufgerufen wird, stellt er fest, dass er seine wichtigen Papiere vergessen hat - leider zu spät, sie noch zu holen, also lässt er es drauf ankommen. Endlich betritt er das Büro. "Guten Tag, entschuldigen Sie, ich

habe meine Ausweise vergessen!" Die
Sachbearbeiterin: "Macht nichts.
Wegen Personalmangel machen wir es heute
einmal kurz. Ziehen Sie ihr Hemd aus!"
Horst wundert sich, tut aber, wie gewünscht.
Als die Frau das ergraute Brusthaar
sieht, sagt sie: "Das reicht.
Sie sind mindestens 65! Sie bekommen hiermit
den Rentnerausweis."
Freudig und erleichtert geht der Mann nach
Hause und erzählt alles seiner Frau.
Die schaut ihn nur kurz an und sagt:
"Hättest du deine Hose runtergelassen, hättest
du auch einen Behindertenausweis bekommen."

Buchwunsch

In der Buchhandlung fragt ein Senior nach dem
Buch „Liebeslust ab 70". Die Verkäuferin:
„Kennen wir nicht, aber schauen Sie mal in
unserer Abteilung „Science fiction" nach!"

Schön und geil

Nachts gegen halb eins hat Ingrid Gefühle.
Sie rutscht zu Bernd rüber und flüstert zärtlich:
„Ach, wäre es schön, wenn du jetzt geil wärest!"
Brummelt er zurück: „Ach, wäre es geil, wenn Du
schön wärest!"

Wiedererkennung

Ulf besucht nach langer Zeit seine alte Freundin.
Beim Ausziehen gesteht sie: „Schatz, ich hab`s
jetzt im Kreuz." Ulf „Gut, dass du das sagst, ich
hätte sonst an der alten Stelle gesucht!"

Lüstlinge

Ein alter Mann hat eine sehr viel Jüngere
geheiratet. Nach der Hochzeitsnacht sagt sie
überglücklich: „Es war super, macht man das
öfter?" „Ja, Täubchen", meint der Oldie, „es gibt
Lüstlinge, die machen das zweimal im Jahr!"

König

Peter steht nackt vorm Spiegel, betrachtet sich und sagt: „Ach, zwei Zentimeter mehr, und ich wäre König." Antwortet eine Stimme: „Zwei Zentimeter weniger, und du wärst Königin!"

Venedig

Drei ältere Frauen gehen ins Schwimmbad. Als die erste schwimmt, fragt der Bademeister sie, warum sie so gut schwimmen könne. Sie: Ich war früher Clubmeisterin gewesen."
Auch als die zweite Frau schwimmt, ist der Bademeister überrascht. und fragt auch sie warum sie so eine gute Leistung bringe.
Sie: „Ich war einmal Landesmeisterin."
Als die dritte Frau schwimmt, ist der Bademeister extrem beeindruckt und sagt, sie sei die beste Schwimmerin, die er je gesehen habe. Daraufhin lacht die alte Frau und erklärt: "Ich war früher Prostituierte in Venedig und habe fast nur Hausbesuche gemacht."

Hochzeitsgeschenk

Hans-Georg hat ein Problem: Er hat seinen Hochzeitstag vergessen. Seine Angetraute Susanne ist wütend und enttäuscht und kreischt erregt: „Morgen erwarte ich ein Geschenk von Dir in der Garage, das von 0 auf 100 in weniger als 6 Sekunden ist! Sonst geh hin wo der Pfeffer wächst!"

Am nächsten Morgen geht Susanne erwartungsvoll in die Garage und findet ein schön verpacktes Paket vor.

„Vielleicht ist es ein Gutschein", vermutet sie. Gespannt öffnet sie das Geschenk und sieht eine nagelneue Badezimmerwaage
vor sich.

Hans-Georg wird seitdem vermisst......

WEISHEITEN UND KLUGE SPRÜCHE ÜBER DIE LIEBE

Um mit einem Mann glücklich zu werden, muss man ihn sehr gut verstehen und ihn etwas lieben.
Um mit einer Frau glücklich zu werden, muss man sie sehr lieben und darf gar nicht erst versuchen sie zu verstehen.

Liebe ist die Fähigkeit, Ähnliches an Unähnlichem wahrzunehmen.
(Thomas von Aquin)

Liebe vertreibt die Zeit, und die Zeit vertreibt die Liebe.

Die Liebe ist der Versuch der
Natur, den Verstand aus dem Weg
zu räumen.

Besser ein Leben voll Liebe und
Leid als eine einsame und sinnlose
Zeit.

.

Liebe ist die einzige Sklaverei,
die als Vergnügen empfunden
wird."
(George Bernard Shaw)

Liebe auf den ersten Blick
kommt nach der zweiten Flasche.

Ehen werden im Himmel gemacht. Genauso wie Gewitter, Hagel und Tornados

Die Liebe ist wie ein Traum. Die Ehe ist wie der Wecker

Ehe verändert alles. Auf einmal ist man im Bett mit einem Verwandten

Zitat:
"Wenn man eine gute Frau heiratet, wird man glücklich. Wenn man eine schlechte Frau heiratet wird man Philosoph." (Sokrates)

Eine lange Ehe ist wie ein Paar, das versucht ein Duett und zwei Solos gleichzeitig zu tanzen

Das Heiraten ist nicht das Einfahren in den ruhigen Hafen, sondern das Ausfahren auf das offene Meer

Die Flitter-Liebe ist doch die schönste Krankheit der Welt, weil man dann immer zu zweit ins Bett geht

Die fünf erfolgreichsten Worte in einer Ehe: "Ja Schatz, Du hast recht"

Die Flitterwochen sind vorbei,
wenn der Hund die Pantoffeln bringt
und die Frau einen anbellt und
Ihn verpflichtet, alle Sorgen mit ihm
zu teilen, die er nie haben würde,
wenn er sie nicht geheiratet hätte.

Eine gute Ehe ist, wenn beide die
Hosen an haben. In einer
sehr guten Ehe, hat häufig keiner von
beiden eine Hose an.

Nach einem irischen Sprichwort:
Wer keinen Humor hat, sollte niemals
heiraten

Es gibt drei Altersklassen, in denen ein Mann Frauen nicht versteht: Junge Männer, Männer mittleren Alters und alte Männer.

Viele, von denen man glaubt, sie seien gestorben, sind bloß verheiratet.

Die Ehe ist dazu da, Probleme gemeinsam zu lösen, die man alleine nicht hatte!

Warum kommen alle Eheleute in den Himmel? Weil sie bereits in der Hölle waren!

Für eine Ehe bedarf es zwei Personen. Eine Frau und ihre Mutter.

Bekenntnis eines verständnisvollen Mannes: Ich habe mit meiner Frau seit Jahren nicht gesprochen. Ich liebe sie so sehr, dass ich sie nicht unterbrechen mag.

Verheiratete Frauen werden äußerst selten entführt, weil niemand sich wirklich sicher ist, dass das Lösegeld bezahlt wird.

Wer sich nicht verliebt zur rechten Zeit, muss heiraten was übrig bleibt.

Frauen möchten in der Liebe Romane erleben, Männer Kurzgeschichten.
Daphne du Maurier

Liebe ist die einzige Sklaverei, die als Vergnügen empfunden wird.
George Bernard Shaw

Man ist glücklich verheiratet, wenn man lieber heimkommt als fortgeht.
Heinz Rühmann

Aphorismen von Gerhard Uhlenbruck:

Liebe ist gesund, denn mit dem Beginn einer großen Liebe macht das Gehirn Urlaub und erholt sich.

Eine Ehe ist aus den Fugen, wenn einer von beiden sich nicht einfügt.

Liebe macht blind, wenn der andere blendend aussieht.

Eine Frau ist glücklich liiert, wenn es ihr nichts ausmacht, dass man sie anmacht.

Als er heiratete, war zwar die Kuh vom Eis, aber der Bulle nicht mehr heiß.

Geliebt zu werden, das ist für jede Frau ein wichtiger Teil der Kosmetik.

In der Liebe ist aller Anfang schwer, aber das Ende noch viel mehr.

Wenn man bei einer Frau abblitzt, dann hat es nicht gefunkt.

Beim Sex haben Stoßseufzer eine positive Signalwirkung.

Die Liebe ist die große Revolution im Leben eines Menschen, aber wie so manche Revolution endet sie meist in einer Diktatur.

Am Scheitern eines Mannes sollen angeblich drei Frauen schuld sein: Die Schwiegermutter, die eigene Frau und die Frau, die man nicht bekommen hat

AUSREDEN

VON IHM
UND IHR

..von ihm

Zu spät nach Hause

Mein Kollege hatte
Liebeskummer
und ich musste ihn mit einem
Bierchen trösten.

Man hat mir beim Bier mit
einem Freund etwas
reingetan.

Ich bin über eine Bananenschale ausgerutscht und konnte nicht mehr laufen.

☺

Ich konnte nicht anrufen, weil ich vergessen hatte, mein Handy aufzuladen.

☺

Meine Uhr war stehen geblieben und ich hab das nicht gemerkt.

☺

Ich hatte im Büro eine lange Konferenz.

•

Das Auto sprang nicht an.

●

Ich wurde von der Polizei
festgehalten, weil man mich
mit einem Zuhälter
verwechselte.

●

Lahm im ~~Haushalt~~

Ich habe mir den rechten
Fuß verzerrt.

●

Ich hab Rücken.

●

Das sieht hier doch noch
alles gut aus.

•

Mausi,das kannst Du doch
viel besser, ich hab keine
Übung.

•

Mach ich morgen, jetzt guck
ich erstmal Fußball.

•

Die letzte Nacht war sehr
anstrengend.

•

Wenn ich an Dich
denke,Schatzi, kann ich
nicht arbeiten.

..von ihr

Lustlos im Bett

Ich hab Migräne.

•

Ich habe mir einen Tripper
eingefangen und will dich
nicht anstecken.

•

Weihnachten hol ich alles
nach - ich verspreche es dir.

•

Schatzi, du musst deine Kräfte schonen. Lass es heute sein. Morgen ist auch noch ein Tag!

●

Ich hab meinen Zyklus.

●

Niete in der Küche

Das Kochbuch muss wohl einen Druckfehler haben.

●

Es wird mehr Düngemittel verwendet. Darum schmeckt alles schlechter.

●

Meinem EX hat es aber immer super geschmeckt.

•

Haushaltsprobleme

Beim Bücken fällt mir die Schminke aus dem Gesicht.

•

Ich wusste nicht wo ich anfangen sollte, da hab ich mich beim Fernsehen weitergebildet.

•

Der Staubsauger ist kaputt.

•

Schlechtes Outfit

Ich hab nichts mehr zum
Anziehen und lauf darum in
alten Klamotten rum.

●

Für seine Erbanlagen kann
doch keiner was.

●

Man trägt heute alles
legerer.

●

Wenn ich dir nicht mehr
gefalle, musst du dir eine
andere suchen.

●

Ich bin eben nicht für den Laufsteg gedacht.

•

Unsere Putzfrau sieht auch nicht besser aus.

•

Da lachen ja die Hühner. Schau dich selbst an

•

Mein Arzt sagt immer, dass es nicht auf die äußeren, sondern die inneren Werte ankommt.

LIEBES-
LEXIKON

A

Anbaggern	*Mit seinen Fühlern graben und nochmals graben bis etwas Handgreifliches aufgewühlt ist*
Anmache	*Versuch, mit simplen Mätzchen bis zur Akrobatik die Gunst seines Lieblingsobjekts zu gewinnen*
Aberglaube	*Hoffnung, dass sich der Partner im Laufe der Zeit ändert und sich den eigenen*

	Vorstellungen entsprechend weiter annähert
Anfauchen	*Bei manchen tägliche Kost - kurz oder länger nach den Flitterwochen*

Bauchtanz	*Reizvolle Turnübung, die, nicht nur der Verdauung dient, sondern bei Männern die Hormone springen lässt*

Begrabschen

Wunderbares Erforschen von reizvollen Hautpartien / Männer lieben es mehr als Frauen - trotz Gefahr einer Verurteilung

---

Bumsen

Vom Autounfall bekanntes Geräusch, wo zweit Elemente Kontakt aufnehmen. / Beim Autocrash sehr unlieb, beim Partnerbums sehr begehrt

C

Coitus interruptus	*Unterbrechung des Liebesaktes, um zielführende Ratschläge aus einem Sexualführer genauer zu lesen*
Cybersex	*Moderne Form der Sexpraxis, die den Vorteil hat, dass man mittels Internetkontakt die Gerüche des Partners nicht zu genießen braucht*

D

Dildo	*Oft farbiges und vor allem stilvolles Spielzeug, das Frauen auf der Bettkante oder so Freude macht*
Domina	*Resolute Dame, die auch mal einem Generaldirektor den Boden zu seinem eigenen Vergnügen putzen und dabei die Peitsche knallen lässt*

Draufgänger

In der Liebe der James Bond, der das „drauf" ständig im Kopf und tiefer hat

E

Eifersucht

Bedauernswerte Eigenschaft von Mensch und Tier mit dem strengen Grundsatz „My darling first und nochmals first und wehe, wenn andere meinen Liebling mit ihrem feisten Blick begehren"

Erektion	*Bewegung aus dem Flachland ins Hochgebirge / Im Normalfall sehr erfreulich, aber nicht im Schwimmbad oder beim Besuch bei der Oma.*
Erogene Zone	*Gefährliche Bereiche, die nur bei vollem Bewusstsein betreten werden sollten, bevor man dieses verliert*
Eheberatung	*Versuch, etwas Kitt in marode Elemente zu bringen / Führt manchmal zum*

ungewohnten
Nachsinnen über
den Sinn der
Zweisamkeit

Ehebruch	*Bekannt aus der Urgeschichte der Menschheit regt dieses Bruchleiden heutzutage kaum noch auf / Meist nicht schmerzhaft, wenn es keiner Seite wehtut*
Eheliche Pflichten	*Hierzu gehören das Raustragen des Mülls für den Mann und der Bettenbezug für die Frau / Sonst hält sich die Polizei raus*

Ehe

Sprachverwandt mit diesem vorne und hinten gleichen Wort ist „Ehemals", das zeigt, dass es sich zunehmend um etwas gestriges handelt / In der „wilden Ehe" geht es nicht wie bei den Hottentotten zu, sondern weil man wegen der permanenten Liebesaktivitäten noch nicht zum Standesamt gehen konnte

Erotik

Reizvolles Phänomen mit knisterndem

Anknabbern der Hormone beim Anblick von Objekten, die auch einen Buchhalter, Pfarrer und Vollzugsbeamten nicht kalt lassen

F

Freier

Wen dieser genau wovon befreit ist nur im Puff klar: Es befreit das Fleischangebot von der Gefahr, das Bankkonto zu überziehen

Fremdgehen	*Gang außer der üblichen Route mit Gefahr des Absturzens bei unbekannten Routen*
Fummmeln	*Reizvolle Aktivität, die Männer genussvoll zu schätzen wissen / Kann aber bei spontanen Aktionen, z.B. bei Neuobjekten in der Straßenbahn oder im Aufzug zu Anzeigen oder sogar zum Knastaufenthalt führen*

Flirt

*Wie Turteltauben
umflattern Bürger
und Bürgerinnen
hierbei ein
erotisches und
begehrenswertes
Gegenüber, wobei
Augen und Mund
reizvoll zum
Einsatz kommen.*

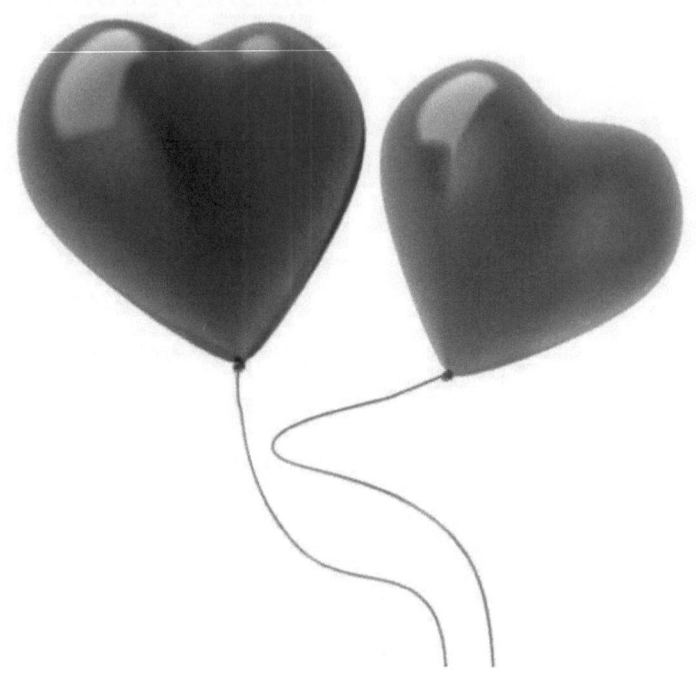

G

Geil	„Geiz ist geil" ist Reklame bei Saturn und meint „einen Bock drauf haben". Damit ist die Verbindung zum Sex hergestellt!
Goldene Hochzeit	Es ist nicht alles Gold was glänzt/ Zweimal Silber würde mehr glänzen
Gruppensex	Geknubbel, um an verschiedene Fleischtöpfe zu gelangen /Frischfleisch

sticht Pökelfleisch und am Schluss gehen alle gesättigt nach Hause

| Gummipuppe | Spielzeug für einen älteren Adam als Eva-Ersatz, das auch mal platzen kann und dann peng macht |

| Haussegen | Wenn vom Papst kein Segen vom Himmel kommt, hängt er oft kürzer oder länger schief |

Heirats-schwindler	*Genialer Typ, der die modernsten Werbemethoden in einschmeichelnder Art und Weise effizient umsetzt*
Hochzeitstag	*Eintrag dieses Ereignisses im Kalender, an dem einstmals schöne Geschenke nach dem freudig ausgehauchten Ja-Wort empfangen wurden*
Hochzeitsnacht	*Heutzutage mehr der Morgen nach kräftigem Feiern und Besäufnis, nachdem die Schwiegereltern*

sowie andere Mitesser und Mittrinker in der Koje sind / Was früher verschämt erstmals unter den Daunen stattfand, hat heute längst vorher stattgefunden

J

Ja-Wort

Meist feierliche Lüge bei der man sich ewige Treue schwört, die dann doch aus 723 Gründen schnell flöten gehen kann

K

Kegel	*Früher wurden nach einem flotten Wurf die außerehelichen Früchte der Leibe so bezeichnet / Oft waren trotzdem viele gute Würfe dabei*
Kitzler	*Wichtiger Freudenbringer, der nicht zum Lachen ist*
Knutschfleck	*Für alle braven Ehemänner extrem beliebtes Farbelement, das nach einem Seitensprung aber*

die brave Angetraute nicht sehr lustig findet

Küssen	*Feuchte Angelegenheit mit vielen Bakterien, die sich vor allem bei Schnupfen und auch nach Knoblauchgenuss sehr wohl fühlen*

L

Libido	*Schwankendes Bedürfnis bei Ihm und Ihr, die hormonellen Seinsvorgänge in lustvolle Taten umzusetzen.*

Liebeskummer	*Krankheit, die von der gesetzlichen und auch privaten Krankenkasse nicht erstattet wird*
Liebestöter	*Beim Anblick dieses früher gebräuchlichen Objektes gingen dem Mann alle Hormone flöten*

Macho	*Beliebtes Kotzmodell, das schutzbedürftigen Frauen Halt und ein unterlegenes Gefühl bietet*

Manneskraft	*Steigt angeblich nach einer kräftigenden Hühnersuppe und einem Big-Mac oder Viagra und Co. / Lässt im hohen Alter von 90 Jahren ein wenig nach, wenn nicht schon vorher*
Masturbieren	*Diese Aktivität kann man nicht mit einem anderen Arbeitspartner praktizieren, sondern muss sich selbst auf das eigene Objekt zurückziehen*

Missionars-stellung	*Kommt aus Afrika, da Missionare beim feierlichen Akt wegen der Hitze nicht unzählige andere Stellungen ausüben konnten*
Morgenlatte	*Manche haben einen steifen Hals nach der Arbeit, andere einen Steifen vor dem Frühstück*

N

Notzucht	*Alter Begriff, da man in der Not früher meist keine Zucht kannte*

Nummer	*Sagen manche für das oft Schönste auf der Welt*
	0
One-Night-Stand	*Kurzfristiges Arrangement, das nach ausgiebigem Kalorienverzehr mit einem guten Frühstück endet*
Orgasmus	*Zustand, der mehr Spaß macht als etwa einen Hühnerknochen abzuknabbern oder eine Steuererklärung auszufüllen / „Er" braucht weniger*

daran zu arbeiten, während „Sie" oft eine längere Inkubationszeit benötigt

P

Potenz

In der Mathematik wird beim sogenannten Potenzieren ein Faktor wiederholt mit sich selbst multipliziert - so auch beim Mann/ Je mehr er multiplizieren kann, umso potenter ist er

Penis

Man(n) sollte hiermit penibel umgehen und nicht zu oft auf „dicke Hose" machen

---

Poppen

Liebevoller Ausdruck für eine begehrte nicht-olympische Disziplin, die auch Pop-Art genannt wird

---

Q/R

Querulant

Miesgrämiger Sozialpartner, der inhuman die Meinungsvielfalt missbraucht und etwa meckert, wenn die Suppe Glassplitter enthält

Quickie	*Handlungsablauf im aktuellen Zeitgeist, wobei kurze Kommunikations-wege, Effizienz und Schnelligkeit verlangt werden*
Reizwäsche	*Oft ein vergeblicher Versuch, jemanden zu reizen, der dafür keine Antenne hat*
Ruhestand	*Zeit nach der Rente, aber auch,*

wenn bei Ruhe
eben nichts mehr
steht

S

Scheidung	*Ende einer unglücklichen Liaison, die besser nicht begonnen hätte*
Scheinehe	*Es scheint nur so, aber Lattenrost und Frühstücksei werden nicht bei Zweisamkeit genossen*
Schmetterlinge	*Der Zustand begeistert viele, deren Hormone*

im Bauch	flattern / In jedem Fall ist es besser als Filzläuse oder Silberfische im südlichen Teil des Körpers kribbeln zu haben
Seitensprung	Sportliche Tätigkeit, die ein gutes Gefühl für Gleichgewicht bedingt, damit man nicht strauchelt / Man darf nicht zu viel dabei torkeln. Die Hauptrichtung sollte nach dem Ausbüchsen vom Pfad am besten

wieder
eingeschlagen
werden

Sex

Kurzbezeichnung
für eine Sportart,
die noch nicht bei
den olympischen
Spielen anerkannt
ist / Das hängt
damit zusammen,
dass es in dieser
Disziplin meist
keine Disziplin
gibt und zu viele
Stümper den
Ablauf der
Olympiade stören
würden. Geplant
ist allerdings eine
Casanova-
Olympiade, die in

*Geilenkirchen
sattfinden könnte
- und für die viele
bereits jetzt
kräftig üben
sollten*

Sexunfall

*Für einen
Unfallversicherer
eine Lachnummer,
aber dem peinlich
Leidenden eine
Lehre, mehr
Vorsicht, etwa bei
der falschen
Flaschennutzung,
walten zu lassen
ehe die Feuerwehr
kommen muss*

Safer Sex

*Männer
vermummen dabei
Ihren Schniedel als*

*Sicherungsmaß-
nahme beim Sex,
um sich vor
Feigwarzen,
Viren, Tripper,
Lues und vieles
mehr zu bewahren*

Silberne

Hochzeit

*Hier zeigt sich,
dass die Liebe
noch nicht
versilbert wurde /
Die Beteiligten
müssen natürlich
darauf achten,
dass der evtl.
abgeblätterte
Glanz für Andere
nicht sichtbar ist
Am besten
Küsschen da und
Küsschen hier.....*

Stellungen

Es gibt mindestens 387 Stellungen, die im Arbeitsprozess Liebe möglich sind / Manche Auswahl erfordert sportliche und teilweise Zirkus-spezifische Recherchen und Erfahrungen / Unfallchirurgen warnen vor allzu akrobatischen Varianten - wie z.B. am Kronleuchter, am Lenkrad oder auf der Skischanze, da dadurch weitere Körperaktivitäten *blockiert sein könnten / Pfarrer raten dazu, zwar mal einige Varianten auszuprobieren, aber danach zur Missionarsstellung zurückzukehren*

Säuseln	*Wenn z.B. ein Mannsbild auf eine „Sie" Bock hat, wird er ihr etwas Süsses ins Ohr flüstern und dabei kräftig säuseln*
Slip	*Dieses heute meist zarte Etwas war früher der Schlüpfer/Heute*

reicht oft schon
ein Schuhriemen.

| Stalker | Irregeleiteter Typ, der seine Sinne auf eine Person konzentriert, die er zwanghaft aus hormonellen Gründen nicht vergessen kann |

T

| Turteln | Reizvoller Vorgang am Anfang einer Verliebtheit, die auch im Tierreich - z.B. bei den Turteltauben und Schwanzlurchen -- |

als Balzen
bekannt. ist

U

Untreue

*Man spricht
hiervon, wenn der
Treuebonus
zwischen den
Partnern verspielt
wird und
Kirschen vom
Nachbarsgarten
besser schmecken*

Unzucht

*Als Gegenstück
von Zucht haben
auch Richter bei
Gericht Probleme,
was das genau ist/
Die Frage ist z.B.,
ob Po-Kneifen*

schon Unzucht ist
oder Verführen
von alten Omas

V

Vernaschen	Das Verzehren von Süßem, das beim Liebesakt etwas länger dauern kann als das Ablutschen von Lollies
Verhütung	Maßnahme, die eigentlich verboten werden sollte, da nach Auffassung konservativer Kreise der Akt auf der Matratze

nur der
Fortpflanzung
und der
Erzeugung
späterer
Steuerzahler
dienen sollte

Verlobung	Versprechen eines Paares, die Ehe bis zur Scheidung einzugehen.
Viagra	Haribo macht Kinder froh und Viagra Lahme und Oldies ebenso
Vögeln	Wie auch, wenn der Drosselfink durch die Lüfte segelt, führt der neudeutsche

Begriff „Vögeln"
bei Zweibeinern
zu ungeahnten
„Höhenflügen /
Danach ist man
dann wieder auf
dem Boden

Vorspiel	Vorgang, der einem Spiel vorangeht, wobei man nicht weiß, wer der Gewinner sein wird

W

Weichei	Wie auch das Hühnerei ist auch das menschliche Weichei sanft zu

behandeln., denn starke Belastung des Umfeldes kann zum Einknicken mit verheerenden Folgen führen

Wichsen	*Wer seine Schuhe bearbeitet, kann dann nicht das durchführen, was sonst darunter verstanden wird*

Xanthippe	*Liebevolle Bezeichnung für eine äußerst beliebte*

*konsequente Frau,
die folgerichtig
ihre verquere und
dominante
Haltung markant
in die Tat umsetzt*

Z

Zimtziege

*Würziges
Exemplar auf
grünen Wiesen,
das in der
humanen Welt bei
Männern leider
weniger
Geschmack und
Anerkennung
findet*

Zölibat	*Man darf nicht, aber tuts doch*
Zwangsehe	*Diese existiert noch öfter im Orient, ist aber bei genauem Hinsehen auch in Buxtehude, Plauen, Würselen und allen anderen Städten in der Bundesrepublik Deutschland Städten zu orten*

LIEBE IST,

WENN.........

...Er begeistert schwärmt, obwohl das Essen stark versalzen und ungeniessbar ist

☺

... Er ein Spiel l bei der Fußballweltmeisterschaft unterbricht, um ihr beim Abwasch zu helfen

☺

... Sie einen Orgasmus vortäuscht, damit Er beruhigt ist und an das letzte Fußballmatch denken kann

☺

... Er auch mit 80 noch seiner Frau den Schönheitssalon bezahlt

☺

... Er den Hochzeitstag nicht vergisst und er ihr außer Vergissmeinnicht nichts schenkt

☺

... Beide die Stinkfüße, Gasausbrüche und ähnliches des anderen ertragen

☺

... Beide auch ohne Würgen die Zahnbürste des Anderen nutzen

☺

... Beide die Liebesbriefe von ihren „Exen" vernichten

☺

... Beide auf die Macken des Partners nicht herumtrampeln

☺

... *Er seine Frau mehr liebt als den Haushund*

☺

... *Sie Kein Pflanzenschutzmittel in seinen Kaffee gießt*

☺

... *Sie all seine krummen Ausreden und Lügen mit einem Lächeln hinnimmt*

☺

... *Er ihr aufmerksam zuhört bei hundertmal Gehörtem „Klatsch"*

☺

... *Er nicht stöhnt, wenn sie mit den neuen Klamotten wie eine Nutte aussieht*

☺

... Er ihr aus dem Mantel hilft oder
sie behutsam auf die andere Seite
der Straße führt

☺

... Er sie manchmal zu Macdonald
oder zu einem Fresstempel einlädt

☺

... Er sie tröstet, wenn er ihr eine
geknallt hat

☺

... Sie ihn bewundert, obwohl er
eine Niete ist

☺

... Er immer die Toilette im
Damensitz benutzt

☺

... Sie seinen Bierbauch und seine Hängebacken sexy findet

☺

... Er nicht den knackigen Po seiner Kollegin lobt

☺

... Er die ganze Nacht mit seinen Bierchen und Chips aufbleibt nur um sie nicht durch sein Schnarchen zu stören

☺

... Er das Bild seiner Schwiegermutter auf seinen Nachttisch stellt

☺

SKURRILES

UND

BÖSES

Weisheit:
Die besten Ehen sind jene, die nie geschlossen werden

•

Gemecker eines Hotelgastes:
Jede Nacht dieses rauf und runter und das Gestöhne, wenn er einfach nicht kommt. Nie mehr ein Zimmer neben dem Lift !

•

Erkenntnis: Mein Leben war einfacher, als ich Mädchen noch blöd fand !

•

Gesetze aus England, 16. Jahrhundert:
- In London ist es illegal seine Frau nach 21 Uhr zu schlagen.

- Wenn man vor Ort an seinem Hochzeitstag jagen geht, darf man am gleichen Tag keinen Geschlechtsverkehr mehr haben.

•

In Bhutan dürfen Männer nur Sex haben, wenn ihre älteren Brüder verheiratet sind.

•

Schwiegermutter-Traumgewicht: 1.2 Kilo (mit Urne)

•

Ausruf einer jungen Frau:
Alle wollen mit mir schlafen, dabei bin ich garnicht müde

•

Ich liebe meine Freundin so sehr - um sie zu schonen, leihe ich mir Freundinnen meiner Freunde aus.

●

60% der Frauen finden ihren Arsch zu dick 30% der Frauen finden ihren Arsch zu dünn 10 % der Frauen finden ihren Arsch perfekt und sind froh dass sie ihn geheiratet haben

●

In Neuseeland und den Maori besteht der Brauch des Hongi-Kusses. Hierbei werden Nasen und Stirn aneinander gepresst und abwechselnd der ausgeatmete Atem des Partners eingeatmet. Durch diese intime Geste lernen sich zukünftige Partner, Vertragspartner oder Nachbarn besser kennen. Es gilt auch als Methode, Kontakt mit jemandem herzustellen. Der Honig-Kuss wird auch dazu genutzt, Verträge zu besiegeln.

•

Beim jährlichen „Kanamara Matsuri", dem „Fest des eisernen Penis" in Kawasaki beten Paare für ihre zukünftige Liebesbeziehung. An diesem einen Tag im April huldigt die trinkende und flirtende Bevölkerung von Kawasaki dem eisernen Penis, schmückt die ganze Stadt mit

Phallen, als Kerzen, als Masken oder auch als Süßigkeiten.

•

Früher steckten sich in Niederösterreich die heiratsfähigen Mädchen beim Tanz ein Apfelstück in die Achselhöhle und reichten ihn, schweißgetränkt, dem bevorzugten Jüngling. Ähnliches gab es auch in anderen Regionen. Im Baltikum nahm man eine Kartoffel statt eines Apfels und im Wendland konnten es auch Brötchen oder Zwieback sein.

•

Um dem Hochzeitspaar deutlich zu zeigen, dass die Heirat zweier Menschen auch die zweier

Familienanhänge ist, gehörte es in Thailand zum Hochzeitsbrauch, dass die ganze Familie das Paar zum Ehebett begleitet. Bevor das Paar sich aber der Liebe hingibt, verlassen die Verwandten rücksichtsvoll wieder das Ehezimmer.

•

Bei einem Stamm in Kenia werden die Brauleute drei Tage lang erniedrigt, beschimpft und geärgert, bevor sie einander heiraten dürfen. Besonders die Freunde der Braut sind angehalten, ihren Zukünftigen zu beleidigen und andererseits die Freunde des Bräutigams seine

Auserwählte. Haben die Brautleute allen Widrigkeiten getrotzt, dürfen sie endlich heiraten.

LIEBES

FLOSKELN

Wenn du eine Träne von mir wärst, dann würde ich nie wieder weinen

Ich möchte der Wind sein, der sanft durch deine Haare streichelt, die Sonne, die dich wärmt und der Mond, der deinen Schlaf bewacht.

Du bist für mich der 6er im Lotto, die Sahne im Kaffee, das Ass beim Poker und der Hauptgewinn in meinem Leben

Nach §14, (2) des deutschen Liebesbuches, sperre ich Dich sofort lebenslänglich in mein Herz ein. Gegen dieses Urteil kann keinerlei Widerspruch erhoben werden!

Du bist wie ein Vulkan. So heiß und so gefährlich. Und so ungeheuer aufregend!

Du bist so süß wie das Honig der Bienen du bist so knackig wie das Knäckebrot vom Bäcker du bist so einmalig wie der heutige Tag!

Der braune Bär lebt in Sibirien,
in Afrika da haust das Gnu,
das schwarze Schwein lebt auf
Sizilien, in meinem Herzen haust
nur Du!

Ich sehe so gerne in Deine Augen,
wenn Du mich ansiehst, weil ich
dann das Gefühl habe, dass Du
mich verstehst!

Ich rieche so gerne Deinen Duft,
besonders den Deiner nassen
Haare!

Ich liebe Dein Atmen, wenn Du neben mir liegst und einschläfst!

Ich höre so gerne Deine Stimme, wie Du "Hallo" oder "Fucker" sagst und deine eigenen Bewegungen kommentierst!

Ich liebe Deine Art wie Du bist, einfach so, weil Du Du bist und ich Dich unglaublich faszinierend und krass finde!

Ich fühle so gerne die Berührungen Deiner Hände, wie sie mich anziehen und ausziehen!

Ich wünschte, ich wär eine Träne von Dir, um in Deinen Augen geboren zu sein, auf Deinen Wangen zu leben und auf Deinen Lippen zu sterben!!!

An einer Rose hab ich gerochen. An einem Dorn hab ich mich gestochen. Mit Blut habe ich geschrieben: für immer werde ich dich lieben.

Wenn ich ein Pirat wäre, wärst Du mein wertvollster Schatz und ich würde Dich tief in meinem Herzen vergraben.

Wenn ich sterbe, möchte ich
Dir in deine Augen schauen,
damit das Letzte was ich sehe,
das Schönste ist, was ich
kenne!!

Du bist wie eine Rose für mich. Mit
Deinen Dornen hast Du mich
gestochen, dadurch ist Deine Liebe
in mein Herz gekrochen.

Ein Tag ohne dein Lächeln ist
wie der weite Ozean ohne Wasser,
wie die Wüste ohne Sand!!

In deine Augen schauen,
dir alles anvertrauen,
jede Freude teilen mit dir,
alle Schmerzen überwältigen wir.
In deinen Augen versinken, in
deiner Liebe fast
ertrinken, das wünsch ich mir von
dir, zusammen - wir!

BEGRIFFE

FÜR

„LIEBE

MACHEN

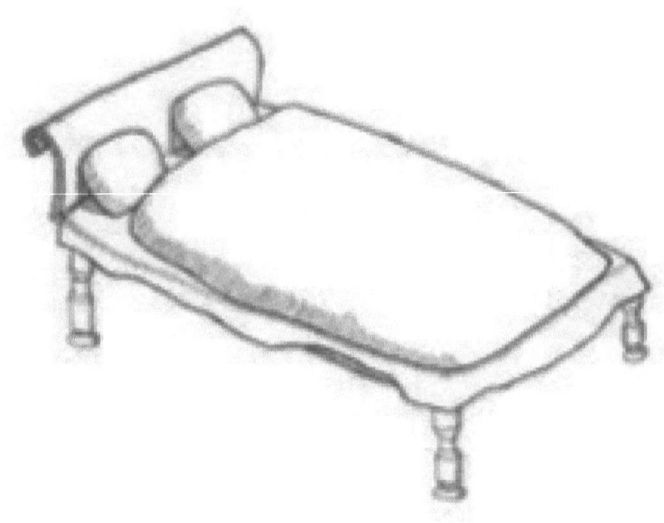

GV

seinen ehelichen Pflichten nachkommen

begatten

kopulieren

bumsen

einen wegstecken

jemanden
flachlegen

eine Nummer
schieben

poppen

pudern

rammeln

schnackseln

Sex machen

es treiben

vernaschen

vögeln

bimsen

nageln

pimpern

ficken

KOSENAMEN

für Ihn

Böckchen,

Schnauzer

Prinz

Tiger

Mausibär

Eberchen

Muffel

Schmusekater

Adonis

Bussibär

Hengst

Stinktier

Säuferchen

Brummbärchen

Bauer

Schweinchen

Hoppelchen

Blödmann

für Sie

Mausi*

Schatzi*

Püppchen

Häschen

Schnuckelchen

Engelchen

Samtpfötchen

Spatzi*

Rehlein

Mietze

Puppi

Sahnehäubchen

Kussmäulchen

Bienchen

Prinzessin

Vögelchen

Herzchen

Schnurri

Kleine Hexe

SCHIMPF-
WÖRTER

für Ihn von Ihr

Blöder Affe

Arschloch

Blöder Sack

Rindvieh

Kotzkübel

Macho

Niete

Nullnummer

Prolet

Weichei

Scheißkerl

Penner

Schlappschwanz
Stinkstiefel

SO SAGT MAN ES
.....in Köln:
Knotterpott, Sabbelschnüss,
Föttchesföhler, Suffühl,
Lossmichjon, Schwellbalch

.....in Bayern:
Fummla, Broatarsch,
Hadalump, Gstinkata,
Erzdepp, Labara

.....in Sachsen
Grabbscher, Diggwansd,
gemeenes Aas

Armleischdr, Mähglfriddse

.....Berlin

Qualmtüte, Mutzkopp,

Sabbamaul, Stenz,

Canalje, Ölgötze

 für Sie von Ihm

Alte Fregatte

Alte Schachtel

Bauerntrampel

Bißgurke

Blöde Kuh

Emanze

Gewitterziege
Heulsuse
Kratzbürste
Mannweib
Pissnelke
Schabracke
Trampel
Zicke

SO SAGT MAN ES

..... in Köln:

Klaafmuul, Krabitz,
Zantipp, Borefott,
ahl Hipp, Knaatsch

.....*in Bayern:*

Keifzanga, Auftaklte,
Dranghofa, Fätz
Gschnappige, Fega

.....*in Sachsen*

Gewidderzieche, Drähne,
Hausdrachn, alde Häggse,
Gibbsguh, dumme Rehse

.....*Berlin*

Landei, olle Bisse,
Plärre, Pimpelliese,
Jiftnudel, Pissnelke

◆

Autor

Heinz C. Pütz ist Autor diverser Publikationen. Neben seinen Fachbüchern im Wirtschaftsbereich hat er sein Schreibtalent mit wachsendem Interesse auf Themen des Alltags focussiert. Vor allem gehören dazu Humor und Sprache. Zu nennen sind die Bücher „Anglizismen und andere Fremdwords deutsch erklärt!", „Krank mit Humor", „Alt mit Humor" „Köln für Junggebliebene" und „Henrys Seniorenwitze".

Das vorliegende Buch rundet seine Humorbücher ab, die ergänzt werden durch „Geld mit Humor" und „Alltagsbegriffe klar erklärt".

Buchempfehlungen